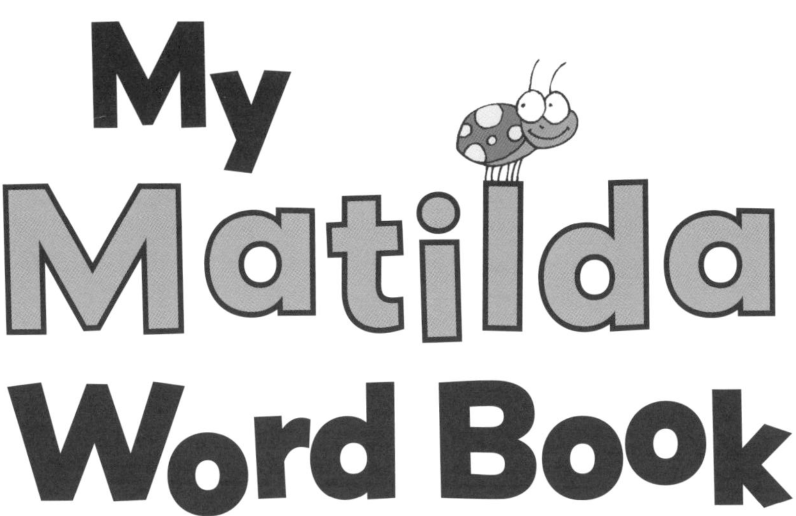

My Matilda Word Book

Name

Draw a picture of yourself.

Jalungurru!

"Jalungurru" means "hello" in the Bunuba Language.

A B C D E F G H I J K L M N O P Q R S T U V W X Y Z

Words I Know

A

B
C
D
E
F
G
H
I
J
K
L
M
N
O
P
Q
R
S
T
U
V
W
X
Y
Z

ā A

alligator

adding

apples

1 2 3 4

a	any	
Aboriginal	are	
about	as	
add	ask	
after	at	
again	aunty	
all	Australia	
an		
and		
animal		

A
B
C
D
E
F
G
H
I
J
K
L
M
N
O
P
Q
R
S
T
U
V
W
X
Y
Z

A
B
C
D
E
F
G
H
I
J
K
L
M
N
O
P
Q
R
S
T
U
V
W
X
Y
Z

b B

ball	box	
be	boy	
because	bunyip	
been	bush	
before	but	
big	buy	
billabong	by	
birthday	bye	
book		
bounce		

A B C D E F G H I J K L M N O P Q R S T U V W X Y Z

A
B
C
D
E
F
G
H
I
J
K
L
M
N
O
P
Q
R
S
T
U
V
W
X
Y
Z

c C

cutting

cat

cake

call

came

can

can't

car

colour

come

cut

A
B
C
D
E
F
G
H
I
J
K
L
M
N
O
P
Q
R
S
T
U
V
W
X
Y
Z

ch

chomping

children

chocolate

chair

chomp

A
B
C
D
E
F
G
H
I
J
K
L
M
N
O
P
Q
R
S
T
U
V
W
X
Y
Z

d D

dragon

dinosaur

dancing

dad

dance

day

desert

did

do

don't

down

draw

A B C D E F G H I J K L M N O P Q R S T U V W X Y Z

A B C D E F G H I J K L M N O P Q R S T U V W X Y Z

e E

elephant
echidna
exercising

eat

Elder

end

every

exercise

A B C D E **F** G H I J K L M N O P Q R S T U V W X Y Z

f F

fairy

flying

frog

father

First Nations

fly

for

friend

from

A
B
C
D
E
F
G
H
I
J
K
L
M
N
O
P
Q
R
S
T
U
V
W
X
Y
Z

g G

giraffe

gift

giving

get

give

go

going

good

got

A
B
C
D
E
F
G
H
I
J
K
L
M
N
O
P
Q
R
S
T
U
V
W
X
Y
Z

h H

horse

hopping

hat

had	house	
has	how	
have		
he		
her		
here		
him		
his		
home		
hop		

A
B
C
D
E
F
G
H
I
J
K
L
M
N
O
P
Q
R
S
T
U
V
W
X
Y
Z

A
B
C
D
E
F
G
H
I
J
K
L
M
N
O
P
Q
R
S
T
U
V
W
X
Y
Z

i I

igloo

iguana

ice-skating

I

ice-skate

if

in

is

it

A
B
C
D
E
F
G
H
I
J
K
L
M
N
O
P
Q
R
S
T
U
V
W
X
Y
Z

j J

jelly beans

juggling

jellyfish

jam

juggle

jump

just

A
B
C
D
E
F
G
H
I
J
K
L
M
N
O
P
Q
R
S
T
U
V
W
X
Y
Z

k K

kitten

kissing

kangaroo

keep

kind

kiss

know

A
B
C
D
E
F
G
H
I
J
K
L
M
N
O
P
Q
R
S
T
U
V
W
X
Y
Z

A
B
C
D
E
F
G
H
I
J
K
L
M
N
O
P
Q
R
S
T
U
V
W
X
Y
Z

l L

lion

lifting

lizard

lake

last

left

lift

like

little

live

look

A
B
C
D
E
F
G
H
I
J
K
L
M
N
O
P
Q
R
S
T
U
V
W
X
Y
Z

A
B
C
D
E
F
G
H
I
J
K
L
M
N
O
P
Q
R
S
T
U
V
W
X
Y
Z

m M

monster

meeting

mum

make

me

meet

mermaid

mob

mother

my

A
B
C
D
E
F
G
H
I
J
K
L
M
N
O
P
Q
R
S
T
U
V
W
X
Y
Z

n N

name

new

nibble

no

not

now

A B C D E F G H I J K L M N O P Q R S T U V W X Y Z

A
B
C
D
E
F
G
H
I
J
K
L
M
N
O
P
Q
R
S
T
U
V
W
X
Y
Z

o O

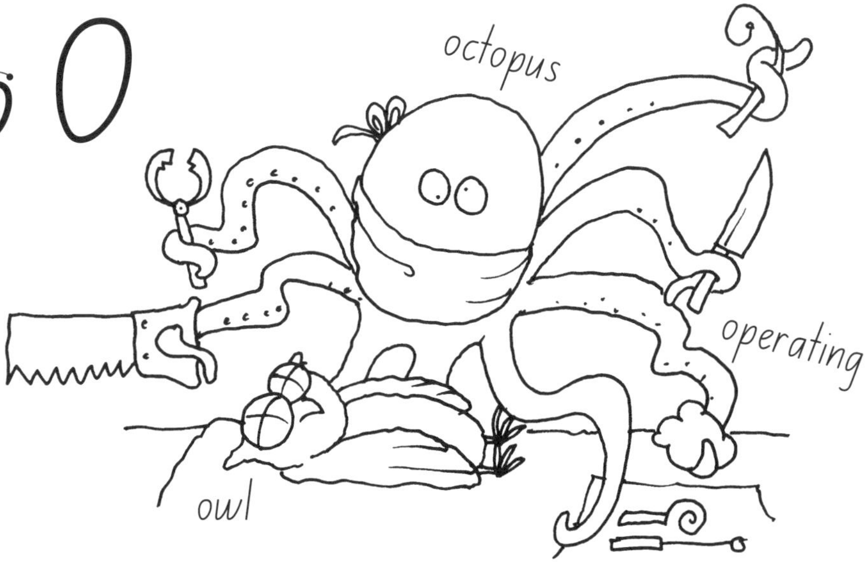

octopus

operating

owl

of

off

old

on

one

operate

or

our

out

over

A
B
C
D
E
F
G
H
I
J
K
L
M
N
O
P
Q
R
S
T
U
V
W
X
Y
Z

A B C D E F G H I J K L M N O **P** Q R S T U V W X Y Z

p P

pears

pig

picking

pick

play

please

present

A
B
C
D
E
F
G
H
I
J
K
L
M
N
O
P
Q
R
S
T
U
V
W
X
Y
Z

A
B
C
D
E
F
G
H
I
J
K
L
M
N
O
P
Q
R
S
T
U
V
W
X
Y
Z

q Q

quilting

queens

queue

quick

quiet

quilt

A
B
C
D
E
F
G
H
I
J
K
L
M
N
O
P
Q
R
S
T
U
V
W
X
Y
Z

A B C D E F G H I J K L M N O P Q **R** S T U V W X Y Z

r R

ran

read

red

right

row

run

A
B
C
D
E
F
G
H
I
J
K
L
M
N
O
P
Q
R
S
T
U
V
W
X
Y
Z

A
B
C
D
E
F
G
H
I
J
K
L
M
N
O
P
Q
R
S
T
U
V
W
X
Y
Z

s S

said	stop	
saw		
say		
school		
see		
sit		
sleigh		
so		
some		
stomp		

A
B
C
D
E
F
G
H
I
J
K
L
M
N
O
P
Q
R
S
T
U
V
W
X
Y
Z

sh

shark

shovelling

shells

she

show

A B C D E F G H I J K L M N O P Q R S **T** U V W X Y Z

t T

tumbling

tiger

tutu

take

tell

ten

to

today

tumble

th

thinking

throne

thongs

thank	these	
that	they	
the	think	
their	this	
them	those	
then		
there		

A B C D E F G H I J K L M N O P Q R S T U V W X Y Z

A
B
C
D
E
F
G
H
I
J
K
L
M
N
O
P
Q
R
S
T
U
V
W
X
Y
Z

u U

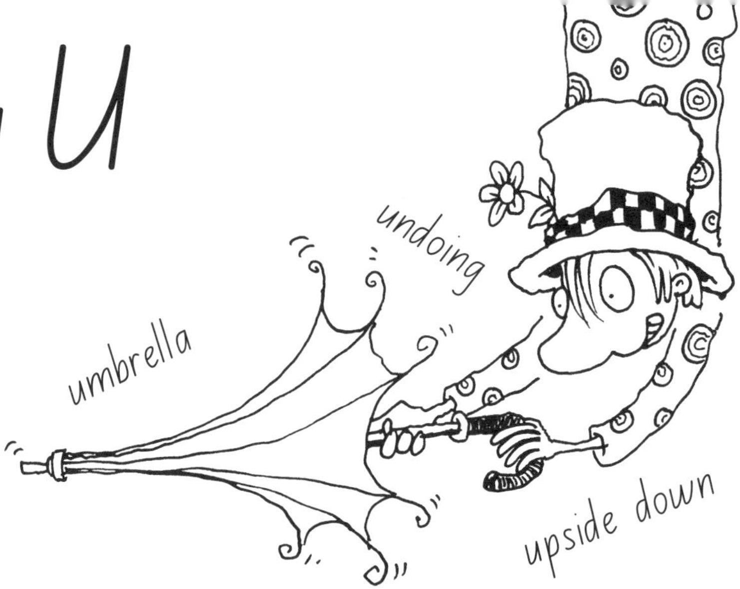

umbrella

undoing

upside down

uncle

under

undo

up

us

A
B
C
D
E
F
G
H
I
J
K
L
M
N
O
P
Q
R
S
T
U
V
W
X
Y
Z

A B C D E F G H I J K L M N O P Q R S T U **V** W X Y Z

v V

vultures
vet
visiting

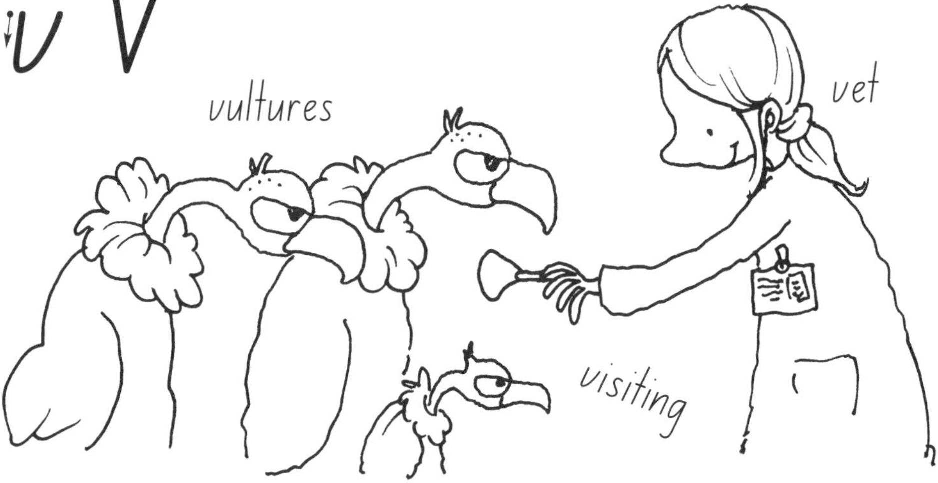

vampire

van

vanish

very

visit

A
B
C
D
E
F
G
H
I
J
K
L
M
N
O
P
Q
R
S
T
U
V
W
X
Y
Z

A B C D E F G H I J K L M N O P Q R S T U V W X Y Z

w W

wombat

worm

walking

walk	with	
want		
warm		
was		
we		
weigh		
went		
were		
will		
wish		

A
B
C
D
E
F
G
H
I
J
K
L
M
N
O
P
Q
R
S
T
U
V
W
X
Y
Z

wh

what

when

where

whistle

who

A
B
C
D
E
F
G
H
I
J
K
L
M
N
O
P
Q
R
S
T
U
V
W
X
Y
Z

x X

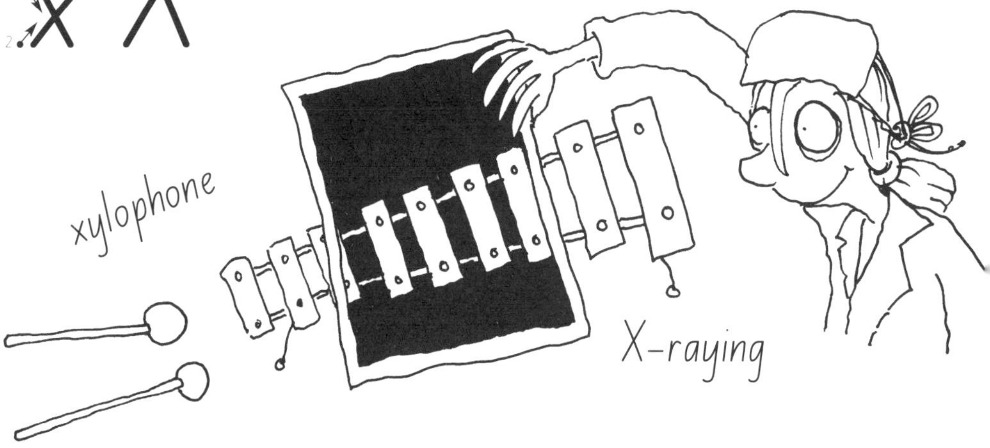

xylophone

X-raying

X-ray

yawn

yes

you

your

A B C D E F G H I J K L M N O P Q R S T U V W X Y Z

A
B
C
D
E
F
G
H
I
J
K
L
M
N
O
P
Q
R
S
T
U
V
W
X
Y
Z

z Z

zebra

zigzagging

zigzag

zoo

Food

apple

bread

cake

cheese

chips

chocolate

egg

hamburger

ice-cream

jelly

midyim berry

milk

noodles

pizza

strawberry

sandwich

spaghetti

Colours

brown

white

black

silver

orange

red

pink

green

gold

grey

yellow

blue

purple

Days

Sun | Mon | Tues | Wed | Thur | Fri | Sat

Sunday Monday
Tuesday Wednesday
Thursday Friday Saturday

Months

January February March April May June July
August September October November December

Time

Yawuru Seasonal Calendar

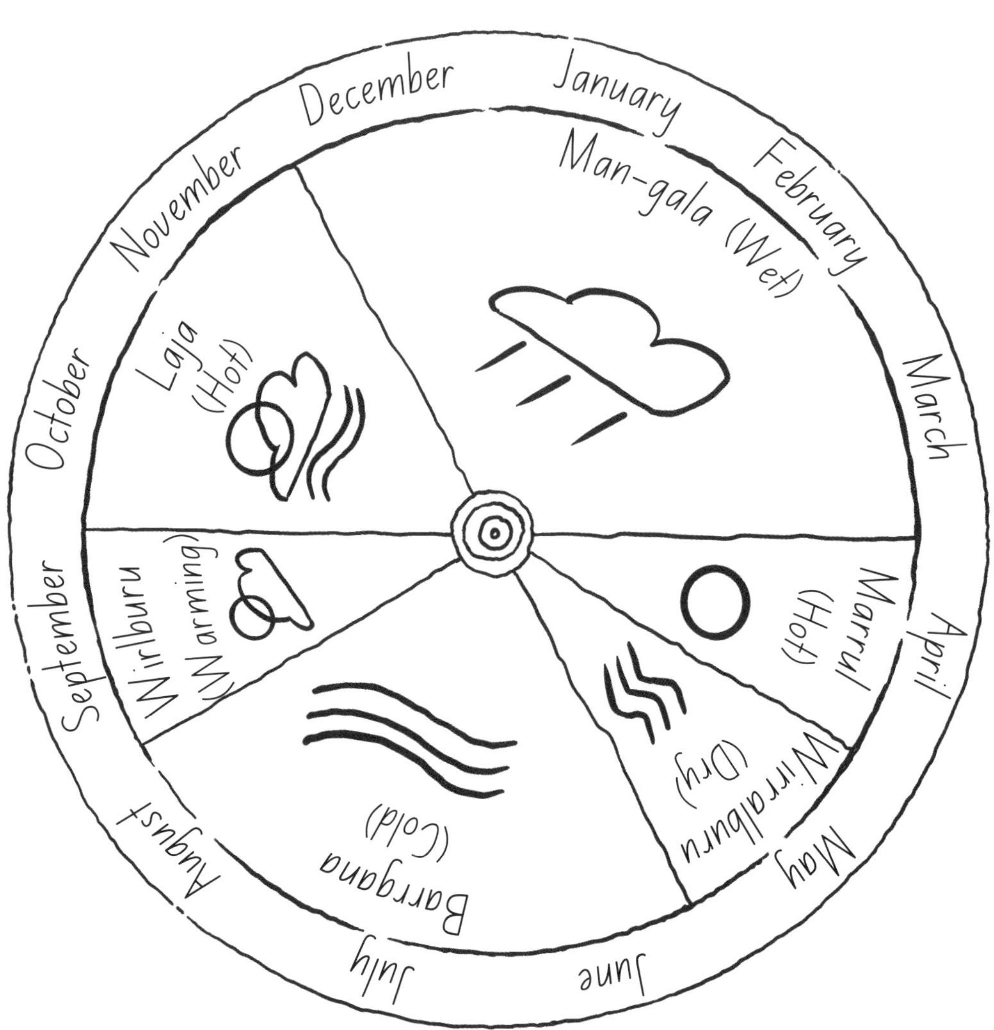

Seasons

Weather

cloudy	humid
cold	lightning
cool	rain
cyclone	snow
dry	storm
fine	sun
fire	thunder
freezing	warm
hail	wet
hot	windy

Numbers

1	one
2	two
3	three
4	four
5	five
6	six
7	seven
8	eight
9	nine
10	ten
11	eleven
12	twelve
13	thirteen
14	fourteen
15	fifteen

1st	first
2nd	second
3rd	third
4th	fourth
5th	fifth
6th	sixth

16	sixteen
17	seventeen
18	eighteen
19	nineteen
20	twenty
30	thirty
40	forty
50	fifty
60	sixty
70	seventy
80	eighty
90	ninety
100	one hundred
1 000	one thousand
1 000 000	one million

Shapes

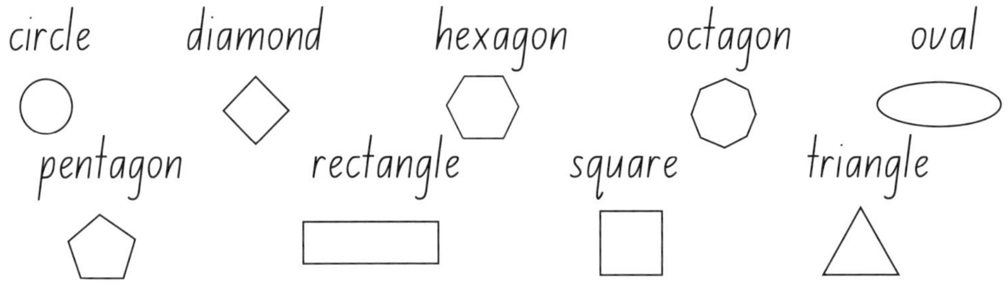

Parts of the Body

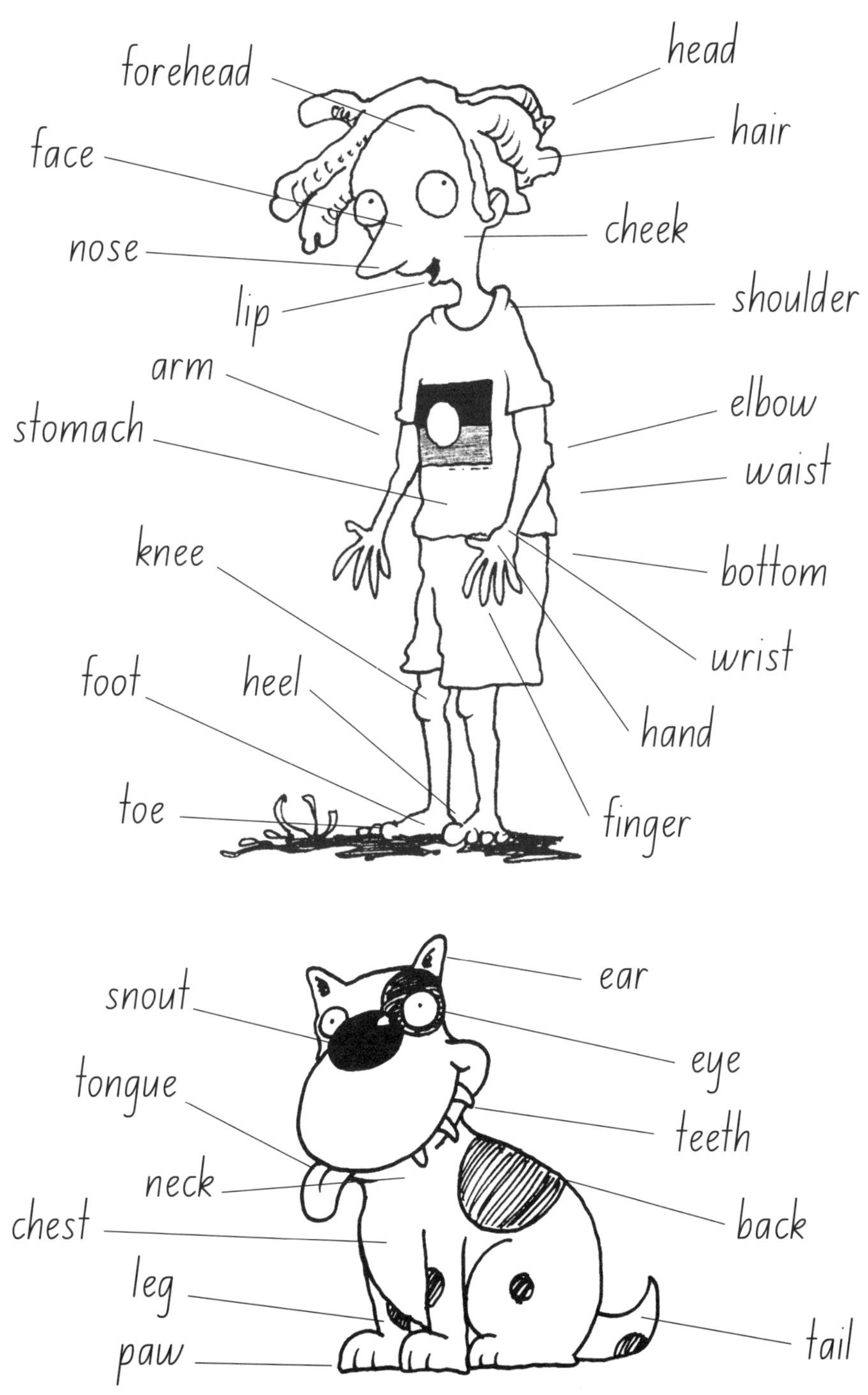

Feelings

I feel . . .

angry

crazy

cross

deadly

funny

glad

happy

lonely

sad

scared

shy

sorry

surprised

tired

worried

Family Words

moort (Noongar Language word for 'family')

mother daughter cousin parent aunty mob

children child son uncle father

People in the Community

artist

baker

builder

dentist

doctor

Elder

farmer

firefighter

gardener

librarian

nurse

pilot

police officer

scientist

teacher

veterinarian

Farmyard Animals

bellow
bull

cheep
chicken

moo
cow

quack
duck

cluck
hen

neigh
horse

snort
pig

baa
sheep

Pets

tweet
bird

miaow
cat kitten

fish

woof
dog puppy

squeak
mouse

rabbit

Australian Land Animals

bilby
cassowary
dingo
echidna
emu
goanna
kangaroo
koala
kookaburra
numbat
possum
quokka
quoll
snake
wallaby
wombat

Australian Water Animals

crocodile
dolphin
dugong
frog
penguin
platypus
shark
turtle
whale

Zoo Animals

ape
bear
elephant
giraffe
hippopotamus
lion
meerkat
monkey
tiger
zebra

Insects

ant
bee
beetle
butterfly
cockroach
cricket
fly
grasshopper

Places I Go

I went to the . . .

airport
aquarium
beach
city
dentist
doctor
fair
farm
forest
hospital
library
movies
museum
park
party
restaurant
river
shop
wharf
zoo

Australia

Darwin
Garramilla
Brisbane
Meanjin
Sydney
Warrang
Canberra
Ngambri
Adelaide
Tarndanya
Perth
Boorloo
Melbourne
Naarm
Hobart
Nipaluna

Australian Flags

Australian national flag

Australian Aboriginal flag

black
yellow
red

Torres Strait Islander flag

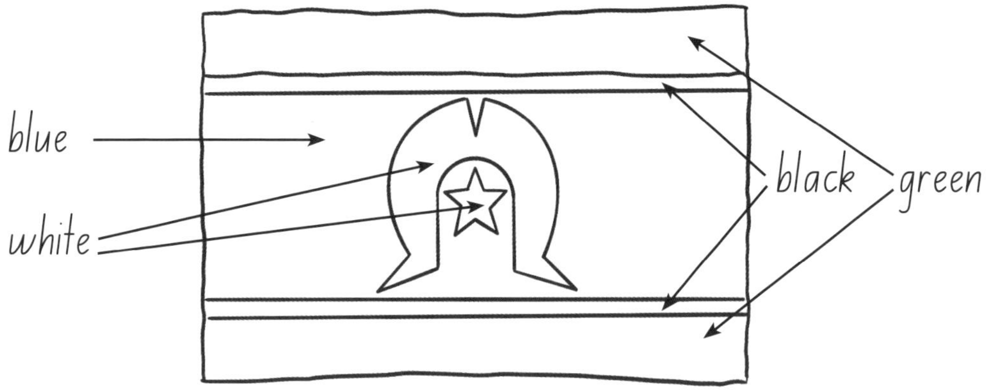